고국원왕 때에는 30년 동안 연나라에 머리를 숙이고 살아야만 했어요. 뒤를 이어 왕위에 오른 소수림왕은 최초의 국립 교육 기관인 태학을 세웠으며, 국가 통치의 기본법인 율령을 반포했어요. 또 문화 외교를 펼치며 백제를 점점 외톨이로 만들어 나갔답니다. 고구려가 나라의 체계를 갖추어 가는 모습을 살펴볼까요?

추천 감수 박현숙(고대사)
고려대학교 사범대학 역사교육과를 졸업하고 동 대학원에서 문학박사 학위를 받았습니다. 현재 고려대학교 사범대학 역사교육과 교수로 재직 중이며, 백제 문화와 고대 인물사 등에 대한 활발한 연구를 계속하고 있습니다. 쓴 책으로 〈백제의 중앙과 지방〉, 〈한국사의 재조명〉 등이 있습니다.

추천 감수 정구복(고려사·조선사)
서울대학교 사범대학 역사교육과를 졸업하고 서강대학교에서 문학박사 학위를 받았습니다. 한국학중앙연구원 한국학대학원의 교수로 재직 중이며, 한국학중앙연구원 한국학대학원 원장을 역임하였습니다. 쓴 책으로 〈한국인의 역사 의식〉, 〈역주 삼국사기〉, 〈한국 중세 사학사 1, 2〉 등이 있습니다.

추천 감수 김한종(근현대사)
서울대학교 사범대학 역사교육과를 졸업하고 동 대학원에서 역사교육을 전공하여 문학박사 학위를 받았습니다. 현재 한국교원대학교 교수로 재직 중입니다. 쓴 책으로 〈역사 교육 과정과 교과서 연구〉, 〈역사 교육의 내용과 방법〉(공저), 〈한·중·일 3국의 근대사 인식과 역사 교육〉(공저), 〈역사 교육과 역사 인식〉(공저) 등이 있습니다.

고증 문중양(과학사)
서울대학교 계산통계학과를 졸업하고 동 대학원에서 이학박사 학위를 받았습니다. 쓴 책으로 〈우리 역사 과학 기행〉, 〈우리의 과학문화재〉(공저), 〈세종의 국가 경영〉(공저) 등이 있습니다.

고증 정연식(생활사 및 복식)
서울대학교 국사학과를 졸업하고 동 대학원에서 문학박사 학위를 받았습니다. 쓴 책으로 〈조선 시대 사람들은 어떻게 살았을까?〉(공저), 〈일상으로 본 조선 시대 이야기 1, 2〉 등이 있습니다.

글 박영규
1996년 밀리언셀러 〈한권으로 읽는 조선왕조실록〉을 출간한 이후 〈한권으로 읽는 고려왕조실록〉, 〈한권으로 읽는 백제왕조실록〉, 〈한권으로 읽는 신라왕조실록〉 등 '한권으로 읽는 역사 시리즈'를 펴내면서 쉽고 재미있는 역사책 읽기의 바람을 일으켰습니다. 그 외에도 〈교양으로 읽는 한국사〉 등의 많은 역사책을 썼습니다.

그림 장인찬
건국대학교에서 한국화를 전공하고, 두 번의 개인전을 가졌습니다. 현재 프리랜서 일러스트레이터로 활동하고 있으며, 그린 책으로 〈백제 문화〉, 〈요재지이〉, 〈하얀 야생마〉 등이 있습니다.

이미지 제공
연합포토, 중앙포토, 국립중앙박물관, 국립부여박물관, 국립경주박물관, 국립민속박물관, 유연태(사진작가), 허용선(사진작가)

광개토 대왕 이야기 한국사 09 고구려
나라의 체계를 갖추다

총기획 및 발행인 박연환
발행처 (주)한국헤르만헤세
출판등록 제17-354호
연구개발원 경기도 성남시 분당구 금곡동 444-148
대표전화 (031)715-7722
팩스 (031)786-1100
본사 서울시 송파구 석촌동 7-3
대표전화 (02)470-7722
팩스 (02)470-8338
고객문의 080-715-7722
편집 임미옥, 백영민, 윤현주, 지수진, 최영란
디자인 장월영, 주문배, 김덕준, 김지은

ⓒ Korea Hermannhesse

이 책의 저작권은 (주)한국헤르만헤세에 있습니다. 본사의 동의나 허락 없이는 어떠한 방법으로도 내용이나 그림을 사용할 수 없습니다.

△ 주의 : 본 교재를 던지거나 떨어뜨리면 다칠 우려가 있으니 주의하십시오.
　　　　고온 다습한 장소나 직사광선이 닿는 장소에는 보관을 피해 주십시오.

이 책의 표지는 일반 용지보다 1.5배 이상 고가의 고급 용지인 드라이보드지를 사용해 제작하였습니다. 표지를 드라이보드지로 제작하면 습기의 영향을 덜 받기 때문에 본문 용지가 잘 울지 않고, 모양이 뒤틀리지 않아 책을 오랫동안 보존할 수 있습니다.

이 책은 기존의 석유 잉크 대신 친환경 식물성 원료인 대두유 잉크를 사용하여 인쇄하였습니다. 대두유 잉크는 선진국에서 널리 사용하고 있는 고가의 대체 잉크로, 휘발성이 적어 인쇄 상태의 보존이 용이하고, 인체에 무해할 뿐만 아니라 눈에 부담을 주지 않는 자연스러운 색을 내는 특징이 있습니다.

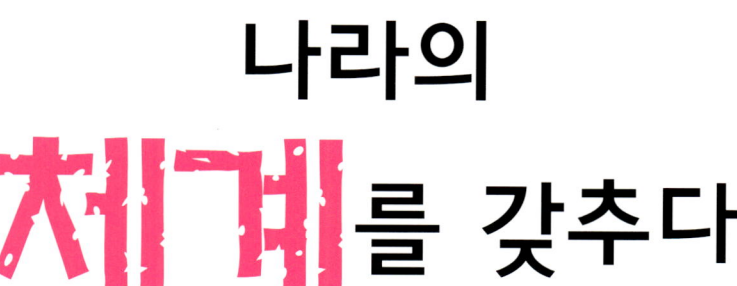

나라의 체계를 갖추다

감수 박현숙 | 글 박영규 | 그림 장인찬

광개토대왕
이야기 한국사
09 고구려

한국헤르만헤세

백제의 화살에 목숨을 잃은 고국원왕

연 나라, 고구려에 쳐들어오다

미천왕의 뒤를 이어 맏아들 사유가 제16대 고국원왕이 되었어요.
"동명 성왕 앞에 제사를 지내고, 백성을 잘 돌볼 것이다."
또한 모용 선비의 또 다른 침입을 막기 위해 평양성 동쪽에
동황성을, 북쪽에는 신성을 쌓게 했어요.

어서 성을 쌓아 모용 선비의 침입을 막아야 할 텐데….

모용외가 죽고 나자 아들인 모용황이 '연'을 세우고 힘을 키워 나갔어요.
339년에는 모용황이 북쪽 신성까지 군대를 몰고 내려왔어요.
"우리는 고구려와 동맹을 맺고자 하니 이를 받아 주기 바란다."

고국원왕은 모용황의 거만한 태도에 화가 났지만
한창 힘을 키우는 연나라와의 싸움을 피해야 했어요.
그래서 맏아들(소수림왕)을 모용황에게 보내 인사를
하게 했어요.
어느 날, 모용황은 장수 한을 불렀어요.
"나는 장차 여기 북쪽은 물론, 중국 땅까지 손안에
넣을 것이다. 이것을 이루려면 먼저 무엇을
해야겠느냐?"
그러자 장수 한이 대답했어요.
"고구려를 무너뜨려야 중국으로 나아갈 수 있습니다."
"그대 말이 맞다. 고구려부터 쳐야겠구나."
고국원왕도 모용황의 속셈을 눈치채고 있었어요.
"평양성은 방어하기 어려우니 환도성으로 가야겠다."
고국원왕은 342년에 도읍을 옮겼어요.
이 소식을 들은 모용황은 껄껄껄 웃으며 말했어요.
"고구려는 우리가 쳐들어가기도 전에 겁에 질려
도읍을 옮긴다며 야단법석을 떠는구나.
우리가 가서 매운맛을 보여 줘야겠다."
그런데 고구려로 가는 길은 좁고 험하여 군사들을
움직이기 힘들었어요. 모용황은 장수 한을 불렀어요.

"고구려를 어떻게 공격하는 것이 좋겠소?"

장수 한이 대답했어요.

"고구려로 가는 북쪽 길은 넓고 평평하나, 남쪽 길은 좁고 험합니다.
그래서 고구려를 공격할 땐 항상 북쪽 길을 택하곤 했습니다.
고구려 군대도 북쪽 길을 막고 기다릴 것이니
이번에는 남쪽 길로 가는 것이 어떻겠습니까?"

모용황은 무릎을 탁 치며 말했어요.

"좋은 생각이다. 그렇게 하면 되겠구나."

장수 한이 말을 이었어요.

"먼저 왕께서는 군사를 이끌고 남쪽 길로 가십시오.
그러면 북쪽을 지키던 고구려 군사들이 남쪽으로 내려오지 않겠습니까?
저는 북쪽으로 가서 고구려 군대의 뒤를 치겠습니다."

모용황의 얼굴이 환해졌어요.

"옳거니! 그러면 고구려 군사들은
독 안에 든 생쥐 꼴이 되겠구나."

342년 11월, 모용황은 5만 명이 넘는
군사를 이끌고 고구려를 쳐들어왔어요.

이 전쟁은 고구려에 크나큰 시련을
안겨 주었어요.

모용황의 공격을 고구려가 잘 막아야 할 텐데….

고구려도 미리미리 대비를 했어야 해.

환도성이 무너지다

모용황이 고구려로 향할 즈음, 고국원왕은 명령을 내렸어요.

"연나라가 항상 오던 북쪽 길에 5만 명의 군사를 보내 지키게 하라."

고국원왕은 1만 명의 군사들과 함께 남쪽 길로 갔지요.

이때 한 병사가 헐레벌떡 달려오며 아뢰었어요.

"모용황이 이끄는 군사가 남쪽 길로 오고 있습니다."

고국원왕은 깜짝 놀랐어요.

"뭐라고? 우리가 당했구나. 다행히 여기는 산세가 험하니 버텨 낼 수 있을 것이다. 아불화도는 군사를 이끌고 적을 막아라."

하지만 아불화도는 크게 지고 말았어요.

모용황의 군사들은 순식간에 환도성까지 밀고 들어왔어요.

▲ 중국 지안에 있는 환도산성

환도산성은 산성자 산성 이라고도 해.

"저들에게 도읍을 내주어야 한단 말인가?
북쪽 길을 지키고 있던 군사들은 무얼 하는 것이냐?"
북쪽 길을 지키고 있던 왕우는 연나라가 환도성을
차지했다는 소식을 듣고 껄껄 웃으며 말했어요.
"하하하, 드디어 고구려를 무너뜨릴 때가 왔다.
공격하라!"
하지만 고구려 군대도 가만히 당하고 있지만은
않았어요.

**"우리가 여기서 물러난다면 고구려는
끝장이다. 죽을 각오로 나라를 지키자!"**

고구려 장수 고무가 이끄는 군사 5만 명은 연나라
군대를 무찌르고 왕우의 목숨까지 빼앗았어요.
하지만 고국원왕은 신하 몇 명만 데리고 급히
도망을 갈 수밖에 없었지요.
이 소식을 들은 한수가 모용황을 찾아왔어요.
"고구려 땅은 지형이 험하고 잘 알지 못하는
곳이라 고구려 군사들이 몰려온다면 우리가
이기기 어려울 것입니다. 그러니 물러가는 것이
옳을 듯합니다. 또한 돌아가는 대로 방어를
튼튼히 해야 할 것입니다."

모용황도 한수의 말에 고개를 끄덕였어요.
"맞는 말이다. 그런데 만약 우리가 중국 땅에서 싸우는 동안
고구려가 뒤를 치면 큰일 아니냐?"
"환도성이 우리 손안에 있으니 고구려 왕의 아버지 무덤을 파헤쳐
그 시체를 가져가는 것이 어떻겠습니까? 또 왕의 어머니와 부인을
잡아가면 고구려가 함부로 공격하지 못할 것입니다."

모용황은 한수의 말에 따랐어요. 모용황이 떠나고 나서
환도성에 돌아온 고국원왕은 슬픔에 빠졌어요.
"당장 연나라로 쳐들어가 이 한을 풀어야겠다."
하지만 신하들이 고국원왕을 말렸어요.
"연나라는 돌아가신 선왕의 시신과 태후마마, 왕후마마까지 끌고
갔습니다. 저들을 공격한다면 그분들이 무사하지 못할 것입니다."

고국원왕은 분해서 입술을 깨물었지만 어쩔 수 없었어요.

결국 고구려는 연나라의 신하국이 되기로 맹세했어요.

미천왕의 시신은 다음 해에 돌려받았지만, 태후와 왕후는 무려 13년이 지난 다음에야 고구려로 돌아올 수 있었답니다.

또한 30년 동안이나 연나라 앞에 머리를 조아리며 살아야 했어요.

단 한 번 전쟁에서 진 탓에 고구려는 오랫동안 큰 수치를 안고 살아야 했던 것이지요.

고국원왕, 백제의 화살에 목숨을 잃다

고구려를 신하의 나라로 두게 된 연나라는 우문 선비와 단 선비를 차례로 무너뜨렸어요.

그리고 중국 땅으로 달려가 화북 지방에 있던 후조를 멸망시키면서 양쯔 강 북쪽을 차지하게 되었어요.

하지만 361년에 모용준이 죽자 연나라는 점점 기울기 시작했어요.

왕족과 귀족들은 사치에 젖었고, 군사들은 훈련을 게을리했어요.

게다가 저족이 연나라로 쳐들어오자, 연나라는 이들을 막느라 양쯔 강 일대의 땅에 신경을 쓸 여유가 없었어요.

> 고구려는 전쟁에서 진 죄로 연나라에 머리를 숙이고 살았대.

이때 백제가 연나라 땅을 손에 넣으려고 기회를 엿보고 있었어요.
이 소식을 들은 고국원왕이 버럭 소리를 질렀어요.
"뭐라고? 연나라 앞에 고개 숙이면서 그 땅을 되찾을 날만 기다리고 있거늘, 감히 백제가 넘본단 말이냐? 당장 전쟁을 준비해라."
369년 9월, 고구려는 치양(지금의 황해도 배천)에서 백제를 공격했어요.
백제의 태자 근구수는 군사를 이끌고 치양으로 달려갔어요.
"연나라에 그런 수치를 당하고도 아직 정신을 못 차리는군."
근구수는 단숨에 고구려 군대를 물리쳤어요.
화가 난 고국원왕은 370년에 다시 백제를 공격했어요.
하지만 이번에도 태자가 이끄는 군대에 지고 말았어요.
백제의 근초고왕은 군사 3만 명을 이끌고 고구려로 향했어요.
"내가 직접 나서서 평양성을 공격하리라."

▲ 평양성

고국원왕은 앞장서서 군사를 이끌었어요.

"내가 백제를 너무 얕보았구나. 온 힘을 다해 평양성을 지켜야 한다."

백제군이 무서운 기세로 몰아쳤지만, 고구려는 끝까지 평양성을 지켰어요. 이때 고국원왕이 백제군이 쏜 화살에 맞아 크게 다쳤어요.

"아직 할 일이 많은데……."

고국원왕은 끝내 숨을 거두고 말았어요.

"고구려 왕이 죽었다! 우리가 고구려를 이겼다!"
고국원왕이 죽었다는 소식에 백제는 축제 분위기였어요.
"이 치욕을 잊지 않고 반드시 갚을 것이다."
고구려의 태자 구부(소수림왕)는 두 주먹을 불끈 쥐었어요.
이후 고구려는 백제와 끊임없는 싸움을 벌이게 된답니다.

무슨 수를 써서라도 성벽 위로 올라가야 한다.

어딜, 감히 올라와.

나라의 체계를 갖춘 소수림왕

소수림왕, 외교에 뛰어나다

371년 10월, 고구려는 백제로부터 평양성을 지키는 데 온 힘을 쏟고 있었어요.
하지만 강한 백제를 막아 내는 건 쉽지 않았지요.
게다가 고국원왕이 화살을 맞고 몸져눕자 고구려는 더 큰 어려움에 빠지게 되었어요.

평양성을 끝까지 지킬 것이다.

고국원왕이 태자 구부를 불렀어요.
"난 이제 죽을 날이 얼마 남지 않은 것 같다.
네가 나를 대신하여 이 나라를 지켜 다오."
태자 구부는 눈물을 뚝뚝 흘리며 고국원왕의 손을 잡았어요.
"아바마마, 걱정하지 마십시오.
반드시 평양성을 지켜 내고, 백제군을 몰아내겠습니다."
구부가 평양성으로 달려가 백성과 군사를 다독이며 똘똘 뭉쳐
저항하자, 백제군은 어쩔 수 없이 물러가야 했어요.
고국원왕이 세상을 떠나자 그 뒤를 이어 구부가 왕위에 올랐으니
그가 바로 고구려 제17대 소수림왕이에요.
소수림왕은 부왕과 더불어 나랏일을 하면서 많은 경험을 쌓았고,
지략 또한 뛰어나 나라를 다스리는 데 아무런 모자람이 없었어요.
소수림왕은 백제에 복수를 하고 싶었지만 서두르지 않았어요.

"우리가 백제에 당한 치욕을 갚으려면 어떻게 해야겠는가?"
소수림왕의 물음에 신하들이 대답했어요.
"비록 여러 번 싸움에서 지기는 했지만, 훈련만 잘 시킨다면
머지않아 백제를 이길 수 있을 것입니다."
"아닙니다. 백제는 더 이상 약하지 않습니다.
좀 더 신중하게 결정해야 합니다."
신하들의 의견이 엇갈리자 소수림왕이 말했어요.
"그대들의 말이 모두 옳다. 나는 신중하게 백제를 칠 것이다.
먼저 백제가 다른 나라들과 교류하지 못하도록 막아야겠다."
소수림왕은 잠시 생각하다가 말을 이었어요.
"진나라는 연나라를 무너뜨렸고, 앞으로 남쪽 지역까지 차지하겠다는
야심을 품고 있다. 그러니 그들은 우리와 싸우는 것을
원하지 않을 것이다. 우리는 이 점을 이용해 힘을 키워야 한다."

진나라가 고구려에 땅을 내줄까?

고구려를 달래려면 그렇게 해야겠지.

"그렇다면 부견이 이끄는 진나라와
손을 잡자는 것입니까?"
"진나라는 얼마 전 요동과 현도, 유주
지방을 차지하지 않았더냐? 우리가
그들의 뒤를 치지 않겠다고 약속하면
그 땅을 우리에게 내줄 것이다."
고개를 끄덕이던 신하들이 물었어요.

"그러면 양쯔 강 남쪽에 있는 진나라와는 등을 돌려야 합니까?"
당시 중국 땅에는 저족이 연나라를 무너뜨리고 세운 진나라(전진)가 있었고, 양쯔 강 남쪽에는 사마씨가 세운 진나라(동진)가 있었어요.
"아니다. 굳이 동진을 적으로 돌릴 필요는 없다.
그저 전진과 먼저 손을 잡을 뿐이다. 우리가 전진에게서
땅을 받으면 더욱 힘을 키울 수 있지 않겠느냐?"
소수림왕의 말에 신하들이 고개를 끄덕였어요.
소수림왕은 전진과 동진의 문화를 적극적으로 받아들였어요.
372년에는 전진에서 보낸 승려 순도를 맞이해 불교를
받아들이는 데 힘썼지요.
또한 동진에도 승려를 보내 달라고 했어요. 전진과 동진은 서로 원수 사이였지만, 고구려는 이 두 나라와 모두 가까이 지내려 한 것이지요.

▲ 소수림왕 때 세워진 전등사

소수림왕은 불교를 받아들인 해에 최초의 국립 교육 기관인
태학을 세웠어요.
태학에서는 유학과 무예를 가르쳤지요.
이것은 중국의 문화를 받아들인 결과였답니다.
소수림왕은 373년, 국가 통치의 기본법인 율령을 반포했어요.
"나라가 커졌으니 문자로 된 법이 필요하다.
이제까지의 관습과 법을 정리하여 국법으로 널리 알려라."
법이 완성되었다는 것은 그만큼 문화 수준이 높아졌다는 뜻이에요.
이렇게 소수림왕은 교육 기관과 법을 만들어 나라의 체계를 갖추어
나갔고 전진, 동진 등과 외교를 하면서 백제를 외톨이로 만들었어요.

소수림왕, 복수를 꿈꾸다

376년 11월, 소수림왕은 백제와 전쟁을 시작했어요.
하지만 미리 준비하고 있던 백제에 어이없게 지고 말았지요.
이 소식을 들은 소수림왕은 몹시 당황했어요.
"몇 년을 준비했건만 백제를 이기지 못한단 말인가?"
싸움에서 이긴 백제는 다음 해 다시 평양성으로 쳐들어왔어요.
소수림왕은 성문을 닫아걸고 백제의 공격을 막았어요.
"아바마마께서 돌아가시고 복수할 날만
기다렸건만……."

이때 백제는 한반도뿐만 아니라 바다 건너 요서에까지 세력을
뻗치며 새로운 강대국으로 떠오르고 있었어요.
백제의 공격을 막아 내기도 벅찰 때에 고구려에는 가뭄이 닥쳤어요.
또 엎친 데 덮친 격으로 378년에는 거란족이 쳐들어와 8개 마을을
빼앗았어요.
소수림왕은 어려움을 이겨 내기 위해 온갖 노력을 다했지만 병으로
384년 11월에 세상을 떠나고 말았답니다.
소수림왕이 죽은 후 고구려는 점점 더 어려운 처지로 빠져들었어요.
그 뒤를 이어 광개토 대왕의 아버지인 고국양왕이 즉위했어요.

외세의 침입에 시달린 고국양왕

후연의 위협을 받다

고국양왕이 왕위에 오를 무렵, 중국에는 큰 변화가 있었어요.
전진의 왕 부견은 연나라를 무너뜨린 뒤 중국 땅을 손안에 넣으려고
동진을 공격하다가 383년에 비수 전투에서 지고 말았지요.
이때 부견의 부하인 모용수가 반란을 일으켰어요.
모용수는 연나라 왕인 모용황의 아들이에요.
모용위가 왕이 되자 부견의 부하가 되었는데, 이번에는
전진을 배반하고 유주와 기주를 차지한 뒤 연나라(후연)를 세웠어요.
문제는 유주와 기주가 고구려 땅이라는 것이지요.

소수림왕 때 이미 차지했지만, 이곳에 따로 관청을 두거나 군사를 두지는 않았어요. 하지만 이 땅이 고구려 땅이라는 것은 온 세상이 다 알고 있었지요.
모용수의 군사들은 강한데, 소수림왕은 병들어 고구려는 또 다시 위기를 맞게 되었어요.

> 우리가 먼저 차지한 걸 자기네 땅이라고 우기다니.

> 그러게 말이야. 고구려에서도 가만히 있을 수만은 없지.

백제와 후연에 시달리다

384년, 소수림왕이 대를 이을 자식이 없이 죽자, 동생인 이련이 왕위에 올랐어요.

그가 바로 고국양왕이에요.

고국양왕은 고구려가 차지한 땅을 노리는 후연과의 전쟁을 준비했어요.

"무례하게 남의 땅을 함부로 차지한 모용수를 용서할 수 없다. 모두 연나라를 칠 준비를 해라."

385년 6월, 고국양왕은 모용수의 군대를 공격했어요.

모용수는 고구려에 가까운 대방 지역의 왕인 좌를 굴복시켜 그로 하여금 고구려에 맞서게 했어요.

하지만 대방은 고구려의 상대가 되지 못했어요.

고구려는 대방을 물리치고 현도성으로 쳐들어가 백성 1만 명을 포로로 잡아 돌아왔어요.

모용수는 이 소식을 듣고 주먹을 불끈 쥐었어요.

"고구려가 약해지긴 했지만 얕볼 정도는 아니었어. 이젠 내가 나서야겠다."

모용수는 그해 11월에 현도성을 공격하여 다시 빼앗았어요.

후연과 고구려의 밀고 밀리는 싸움은 오랫동안 계속되었어요.
그런데 백제가 다시 고구려를 칠 기회를 엿보고 있었어요.
고구려는 후연과의 싸움에만 힘을 쏟을 수 없었지요.
고국양왕은 신하들을 불러 모았어요.
"백제가 호시탐탐 쳐들어올 기회를 엿보고 있으니
어떻게 하면 좋겠는가?"
"백제는 일단 겁만 주는 게 어떻겠습니까?"
"겁만 주다니, 어떻게?"

"많은 군사를 이끌고 가 그들에게 보여 주면,
우리가 백제와의 싸움을 준비한다고 여겨
함부로 쳐들어오지 못할 것입니다."
386년, 고국양왕은 군사를 보내 백제를
겁주었어요. 그리고 말갈에게 백제를 치게 했지요.
그 틈을 타 고구려가 후연을 치려 하자 이를
눈치챈 백제가 고구려의 남쪽으로 쳐들어왔어요.
고구려는 후연과 백제를 동시에 상대해야 하는
골치 아픈 처지가 되고 말았답니다.
게다가 이렇게 중요한 때 마음고생이 심했던
고국양왕마저 병들어 자리에 드러눕고 말았어요.
"태자에게 왕위를 물려주고자 한다.
태자 담덕은 내 뒤를 이어 나라를 구하라."
고국양왕은 391년에 스스로 왕위에서
물러났고, 이듬해 5월에 세상을 떠났어요.
그 뒤를 이어 태자 담덕이 왕위에 올랐어요.
담덕이 바로 고구려를 가장 강한 나라로
만든 광개토 대왕이랍니다.

소수림왕, 고구려 발전의 주춧돌을 놓다

소수림왕이 다스리던 무렵 고구려는 중국의 연과 백제의 침략으로 나라가 큰 위기에 빠져 있었어요. 소수림왕은 임금이 되자 안으로는 내실을 다지고 밖으로는 다른 나라와의 외교에 힘써 고구려가 더욱 강해질 수 있는 발판을 마련했답니다.

🌸 맨 먼저 불교를 받아들였어요

소수림왕은 무엇보다 먼저 백성들이 하나로 뭉쳐야 한다고 생각했어요. 그 무렵 고구려에서는 천신과 조상신 등 여러 신을 섬기고 있었어요. 그러다 보니 다른 신을 모시는 백성들끼리 갈라서서 다투기도 했지요.

소수림왕은 372년 중국의 전진에 도움을 청했어요. 전진에서는 순도라는 스님을 보내면서 불상과 불경을 전해 주었지요. 순도는 불교를 백성들에게 널리 전했어요. 그러자 백성들이 한마음으로 뭉치기 시작했답니다.

🌸 율령을 만들었어요

좋은 나라가 되려면 법과 질서가 바로 서야 하는 거예요. 소수림왕은 그런 사실을 누구보다도 잘 알고 있었지요.

그래서 373년에 법을 가다듬어 백성들에게 널리 알리고, 법을 어기면 어김없이 벌을 주었어요. 그러자 어수선하던 나라가 안정되고, 점점 더 법을 잘 지키게 되었답니다.

우리나라에서는 고구려 소수림왕, 백제 고이왕, 신라 법흥왕 때 율령을 반포하여 중앙 집권의 기틀을 마련하게 되었답니다.

🌸 교육 기관을 세우다

372년에 전진에서 사신이 왔어요. 사신은 소수림왕에게 학교를 세워 재주 있는 사람을 길러야 한다고 말했어요.

소수림왕은 그 말을 받아들여 우리나라에서 처음으로 국립 학교를 세웠어요. 그게 바로 태학이에요. 태학은 학교 교육의 시초가 돼요. 태학은 중앙에 두었는데, 귀족의 아들만 입학할 수 있었어요. 유학과 문학, 무예 등을 가르쳐 나랏일을 맡을 인재들을 길러 냈어요.

태학에서는 소형 이상의 관등을 가진 사람이 태학박사로 임명되어 교육을 담당했어요.

또 일반 백성을 위해서는 지방에 경당을 두었어요. 경당은 혼인하기 이전의 지방 평민층 자제들이 모여 경전을 외우고, 사격술을 익히던 곳으로 학문과 무예를 같이 배우던 사립 교육 기관이에요. 경당이 세워진 것은 태학이 설립된 372년 이후, 특히 평양으로 도읍을 옮긴 이후인 것으로 짐작되고 있어요.

한국사 돋보기 — 고구려의 법은 무시무시?

▶ 반역을 일으킨 자는 불로 태우고 목을 자른다.
▶ 사람을 죽이거나 전쟁에서 진 자도 목을 자른다.
▶ 도둑질을 하면 훔친 물건의 열두 배를 갚아야 한다.
▶ 갚을 힘이 없으면 아들딸을 노비로 내놓아야 한다.
▶ 소나 말을 함부로 죽인 자도 노비로 삼는다.

생생! 문화유산

고구려의 불교 유적

고구려는 삼국 가운데 가장 먼저 불교를 받아들였어요. 중국 전진에서 순도가 불상과 불경을 가져온 뒤로 불교가 백성들 사이에 널리 퍼져 나가게 되었지요. 그럼, 불교와 관련된 고구려의 유적들을 살펴볼까요?

▲ 강화도에 있는 전등사
소수림왕 11년(381)에 아도 화상이 세운 절로, 처음 이름은 '진종사'였어요. 고려 때 전등사로 이름이 바뀌었어요.

▲ 세계적으로 알아주는 불상 그림
일본 호류 사에 있는 금당 벽화예요. 고구려의 스님인 담징이 일본에 건너가 그렸다고 해요.

▲ 장천 1호분 예불도
고구려 고분 벽화에서 부처의 모습이 그려진 것은 장천 1호분이 유일해요.

▲ 연가 칠년명 금동 여래 입상
지금까지 남아 있는 고구려 불상 가운데 가장 오래되었어요. 국보 제119호예요.

고구려의 불교 유적이 꽤 많군. 난 하나도 모르고 있었는데…!

한눈에 보는 연표

 우리나라 역사  세계 역사

330 ← 비잔티움 제국 성립

고국원왕 즉위 → **331**
연나라 모용황이 환도성 함락 → **342**

▲ 환도산성

▲ 비잔티움 제국 때 콘스탄티노플로 불렸던 터키의 이스탄불

350

356 ← 밀라노 종교 회의
366 ← 둔황 석굴 축조

고구려, 백제 치양 공격 → **369**

소수림왕
율령의 반포, 불교 공인, 태학의 설립 등을 통해 중앙 집권 체제를 만들어 왕권을 강화해 나갔어요.

소수림왕은 태학을 세워 인재를 길러 냈어.

370

소수림왕 즉위 → **371**
불교 전래, 태학 설치 → **372**
소수림왕 율령 반포 → **373**
375 ← 게르만 민족, 대이동 시작

칼을 든 게르만 민족
게르만 민족은 4세기부터 서유럽으로 이동하여 여러 곳에 나라를 세우고 정착했어요.

380 ← 로마 제국, 크리스트교를 국교로 삼음

고국양왕 즉위 → **384**
후연 공격 → **385** ← 중국, 북위 건국

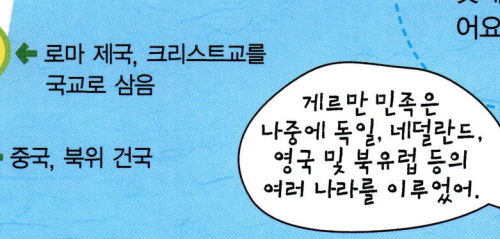

게르만 민족은 나중에 독일, 네덜란드, 영국 및 북유럽 등의 여러 나라를 이루었어.

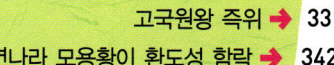